LEON

Frühstück & Brunch

NATÜRLICH SCHNELLE REZEPTE

BREAKFAST

LEON

Frühstück & Brunch

NATÜRLICH SCHNELLE REZEPTE

Von Henry Dimbleby, Kay Plunkett-Hogge, Claire Ptak & John Vincent

FOTOGRAFIEN VON GEORGIA GLYNN SMITH • DESIGN VON ANITA MANGAN

DUMONT

Inhalt

Einleitung

Selbstüberschätzung bringt angeblich Imperien zu Fall. Größenwahn birgt Gefahren. Das Gefühl, unbesiegbar zu sein. Wichtiger als andere. Darum bestätigen wir das Gerücht, dass das Frühstück wohl die WICHTIGSTE MAHLZEIT DES TAGES ist, ein wenig zögerlich. Es verdient eine Medaille. Oder zumindest eine Schärpe. Oder eine Anstecknadel, die es sich ans Revers heften kann.

Und es ist wahr: unsere eigenen Leben, das Bewirten von Menschen, die zu uns kommen, um bei Leon zu essen, unsere Nachforschungen und unsere Arbeit im Bereich des Schulessens haben uns gelehrt, wie wichtig ein gutes Frühstück ist. Deshalb legen wir so viel Gewicht auf unsere Porridge-Rezepte (probieren Sie mal Porridge mit Banane oder Zartbitterschokolade dazu, s. S. 10) und deswegen haben wir die schicken pochierten Eier im Becher mit Chorizo und Trüffelkäse (s. S. 26) kreiert. Daher rührt auch unsere große Auswahl an Frühstücksmuffin-Rezepten mit Dinkel als Alternative zum Weizen. Und, schlussendlich, halten Sie deswegen jetzt auch dieses kleine Buch in Händen.

Wir bleiben positiv. Wir wollen nicht predigen, dass „kommerzielle" Cerealien hauptsächlich aus Weizen und Zucker bestehen und den Blutzucker damit auf nicht so wunderbare Weise in die Höhe schnellen lassen. Stattdessen wollen wir einfach all jene Wege erkunden und genießen, die uns aus den Fängen dieser rechteckigen Schachteln befreien.

Wir wissen, dass Sie viel zu tun haben. Also haben wir unsere Rezepte einfach gehalten. Sie können allerdings nichts zubereiten, was Sie nicht daheim haben. (Ziemlich offensichtlich, oder?) Ein wenig Vorauszudenken wird Ihnen also bei Ihrer Mission behilflich sein.

Lassen Sie uns doch bitte wissen, welche Ideen und Herangehensweisen für Sie funktionieren. Wir finden es beispielsweise toll, gute Fette mit guten Kohlenhydraten zu kombinieren – darum essen wir Walnüsse oder Körner zu unserem Porridge. Und für Pancakes verwenden wir Buchweizen, der ist nämlich von Natur aus glutenfrei.

Vor allem hoffen wir aber, dass diese Rezepte dazu beitragen, dass Sie Ihr Frühstück, Ihren Morgen und Ihr Leben in vollen Zügen genießen können.

GUTES GETREIDE

Porridge

PORTIONEN: 2 • ZUBEREITUNGSZEIT: 0 MINUTEN • GARZEIT: 5 MINUTEN • ❤ ✓ WF MF GF V

Der Haferbrei – im Englischen als Porridge bekannt – feiert ein Comeback. Er hat nicht nur einen niedrigen glykämischen Index (GI), was bedeutet, dass man sich länger satt fühlt, sondern zaubert auch niedrige Cholesterinwerte herbei. Obendrein liefert ist er die perfekte Grundlage für köstliche Garnierungen aller Art. Porridge ist ein echter Renner bei LEON!

Klassisches Porridge

Haferbrei lässt sich am schnellsten mit zarten Flocken zubereiten; kernige Haferflocken brauchen länger, bis sie weich sind. In unseren Restaurants bereiten wir Porridge mit Bio-Vollmilch zu. Statt Milch kann man auch Wasser nehmen, ganz nach Geschmack. Haferflocken sind glutenfrei, werden aber oft in Mühlen hergestellt, in denen auch Weizen verarbeitet wird. Achten Sie darauf, falls es für Sie von Bedeutung ist.

1 Tasse **zarte Haferflocken** (ca. 100 g)
2 Tassen **Wasser** (oder **Milch**, oder eine Mischung aus beidem)
Salz

1. Haferflocken, Wasser und eine großzügige Prise Salz in einen Topf geben, bei mittlerer Hitze 4–5 Minuten aufkochen und dabei immer wieder umrühren.

Klassische Porridge-Garnituren

- Honig, ein Klecks Marmelade, dunkler Muscovado-Zucker (naturbelassener unraffinierter Rohzucker) oder Golden Syrup (Sirup aus Rohzucker).
- Jersey Double Cream (Doppelrahm mit 48% Fettgehalt) (nur Sonntags).
- Bananenscheiben und Honig.
- Knusprige Speckstreifen und Ahornsirup.
- Früchtetraum – ein köstlicher Mix aus Obst, Kompott, gerösteten Nüssen, Samenkörnern und Honig.

LEON Originalrezepte – Favoriten aus den Restaurants

- Valrhona Schokoflocken
- Bananen, Orangenblütenhonig und geröstete Samen
- Brombeer- oder Erdbeerkompott

A picture book by
WILLIAM STOBBS
The Story of the
THREE
BEARS
THE STORY OF THE THREE BEARS

Claires Wellnessmüsli

ERGIBT 1,5 KG (EIN GUTER VORRAT) • VORBEREITUNGSZEIT: 10 MINUTEN
GARZEIT: 1 STUNDE 40 MINUTEN • ❤ ✓ WF GF MF V

Sie werden nicht glauben, wie gut das schmeckt.

500 g **Buchweizenflocken**
125 g **ganze Mandeln** (ungeschält)
50 g **gemahlene Leinsamen**
50 g **Sesamsaat**
50 g **Kürbiskerne**
50 g **Amaranth**
250 ml **Agavensirup**
50 ml **Olivenöl**
100 g **Kokosfett**
100 ml **Wasser**
2–3 Tropfen **Vanillearoma**
½ TL **gemahlener Zimt**
1 Prise frisch geriebene **Muskatnuss**
1 Prise **Meersalz**
100 g **Sultaninen**
50 g **Kokosflocken**

1. Heizen Sie den Backofen auf 150 °C/Gas Stufe 2 vor. Legen Sie zwei Backbleche mit Backpapier aus.
2. Mischen Sie Buchweizenflocken, Mandeln, Leinsamen, Sesamsaat, Kürbiskerne und Amaranth in einer großen Schüssel.
3. Erhitzen Sie in einem Topf Agavensirup, Olivenöl, Kokosfett und Wasser bei mittlerer Hitze und unter ständigem Rühren, bis alles zerlassen ist.
4. Nehmen Sie die Sirupmischung vom Herd und rühren Sie Vanillearoma, Gewürze und Salz ein. Gießen Sie den Sirup über die trockenen Zutaten und mischen Sie alles gut durch.
5. Verteilen Sie die Mischung auf den Backblechen und backen Sie sie ca. 1 Stunde im Ofen.
6. Nehmen Sie die Bleche aus dem Ofen, wenden Sie die Mischung mehrfach und schieben Sie sie wieder in den Ofen. Reduzieren Sie die Temperatur auf 140 °C/Gas Stufe 1 und backen Sie das Müsli weitere 35–40 Minuten, bis es goldgelb ist. Nehmen Sie es aus dem Ofen und lassen Sie es auskühlen, bevor Sie die Sultaninen und die Kokosflocken unterrühren.

TIPP

* Servieren Sie das Müsli mit frischen Datteln und Magermilchjoghurt.

Haselnussmilch

ERGIBT CA. 650 ML • VORBEREITUNGSZEIT: 10 MINUTEN + EINWEICHZEIT ÜBER NACHT
GARZEIT: KEINE • ❤ ✓ WF GF MF V

100 g **Haselnüsse**, über Nacht oder 8 Stunden in Wasser eingeweicht, abgegossen und abgespült
Mark aus ¼ **Vanillestange**
2 EL **Honig** (vorzugsweise fester)
600 ml **Wasser**
1 kleine Prise **Meersalz**

1. Mischen Sie Haselnüsse, Vanillemark und Honig mit 200 ml Wasser im Mixer, bis alles fast flüssig ist.
2. Rühren Sie das restliche Wasser gründlich unter.
3. Gießen Sie die Milch durch einen Musselin oder Ähnliches.
4. Lassen Sie die Milch auskühlen. Sie hält sich im Kühlschrank 6–8 Tage.

Kürbiskernmilch

ERGIBT CA. 750 ML • VORBEREITUNGSZEIT: 15 MINUTEN + EINWEICHZEIT ÜBER NACHT
GARZEIT: KEINE • ❤ ✓ WF GF MF V

300 g **Kürbiskerne**, über Nacht oder 6–8 Stunden in Wasser eingeweicht, abgegossen und abgespült
40 g **Cashewkerne**, über Nacht oder 6–8 Stunden in Wasser eingeweicht, abgegossen und abgespült
2 **Datteln**, entsteint
1 EL **Ahornsirup**
6 Abriebe von einer **Muskatnuss** (nach Belieben)
1 Prise **Meersalz**
700 ml **Wasser**

1. Mischen Sie die Zutaten mit 400 ml Wasser im Mixer, bis sie fast flüssig sind.
2. Rühren Sie das restliche Wasser gründlich unter.
3. Gießen Sie die Milch durch einen Musselin oder Ähnliches.
4. Lassen Sie die Milch auskühlen. Sie hält sich im Kühlschrank 6–8 Tage.

TIPP

* Sie können die Cashewkerne, den Ahornsirup und 100 ml Wasser weglassen und stattdessen 1–2 Datteln mehr zufügen.

Joghurt mit Rosenmarmelade

WF GF V

1. Naturjoghurt in eine Schüssel geben und nach Geschmack Rosenmarmelade darüber geben (u. a. in türkischen oder persischen Lebensmittelgeschäften erhältlich).

Bircher Müsli

ERGIBT: 150 G • ZUBEREITUNGSZEIT: 12 STUNDEN • GARZEIT: 0 MINUTEN • ❤ ✓ WF GF V

150 g **Haferflocken**
400 ml **Apfelsaft**

1. Die Haferflocken in einer großen Schüssel mit dem Apfelsaft vermischen, zudecken und über Nacht stehen lassen.

TIPPS

* Je nach Vorliebe Leinsamen, Sesam oder andere Körner hinzugeben. Das Einweichen der Leinsamen in Wasser über Nacht fördert die Freisetzung von Omega-3-Fettsäuren.
* Schmeckt besonders lecker mit Naturjoghurt und viel frischem Schnittobst.

Knickerbocker-Glory-Müsli

ERGIBT: 2 GLÄSER • ZUBEREITUNGSZEIT: 5 MINUTEN • GARZEIT: 0 MINUTEN • ❤ ✓ V

1 kleine **Mango**
300 g **Naturjoghurt**
1 EL **Honig**
1–2 EL **Brombeerkompott** oder **Brombeermarmelade**
80 g **Müsli**

1. Mango schälen und in kleine Würfel schneiden.
2. 2 mittelgroße Gläser nehmen und mit einer Schicht Joghurt füllen.
3. Als nächste Schicht Kompott dazu geben, gefolgt von einer Schicht Honig und einer weiteren Schicht Joghurt.
4. Darüber Mangowürfel geben und zu guter Letzt eine Schicht Müsli darüber streuen.

Banana-Split-Frühstück

PORTIONEN: 2 • ZUBEREITUNGSZEIT: 5 MINUTEN • GARZEIT: 5 MINUTEN • WF GF V

2 **Bananen**
1 **Apfel**
40 g **Nüsse** – Cashew-, Hasel- oder Macadamianüsse
10 g **Butter**
2 EL **Naturjoghurt**
1 EL **flüssiger Honig**
2 EL **Bircher Müsli** (siehe Seite 1

1. Bananen schälen und der Länge nach in zwei Hälften teilen.
2. Apfel entkernen und in grobe Würfel schneiden. Nüsse bei niedriger Hitze in einer trockenen Pfanne rösten, danach in grobe Würfel hacken.
3. Die Butter in einer Pfanne mit dickem Boden erhitzen, den Honig hinzu geben und die Bananehälften mit der flachen Seite nach unten garen lassen, bis sie goldbraun sind.
4. Joghurt, Birchermüsli, Apfelwürfel und geröstete Nüsse in einer Schüssel vermischen.
5. Zwei Bananenhälften auf jeweils einem Frühstücksteller anrichten und die Joghurt-Nuss-Mischung darüber geben.

WOCHENEND-
LECKEREIEN

Jonny Jefferys „Fluffy Eggs“

PORTIONEN: 4 • VORBEREITUNGSZEIT: 10 MINUTEN • GARZEIT: 8–10 MINUTEN • ❤ ✓ V

Das ist ein ausgezeichnetes Rezept von Jays Freund Jonny Jeffery für ein sonntägliches Frühstück. Es ist eines dieser klassischen Familienrezepte, das seine Großmutter als Leckerbissen für die Kinder zubereitete.

4 **Eier**
4 Scheiben **Brot**
1 kleine Handvoll fein geriebener **Käse – Cheddar**, **Parmesan**, **Emmentaler**, was auch immer Ihnen am besten schmeckt
Salz und **frisch gemahlener schwarzer Pfeffer**

1. Den Ofen auf 190 °C vorheizen.
2. Eiweiß und Eigelb trennen, wobei das Eigelb nicht aufplatzen sollte. Das Eiweiß zu festem Schnee schlagen.
3. Das Brot leicht toasten und die Scheiben dann auf ein Backblech legen. Drei Viertel des Eischnees auf die angetoasteten Brotscheiben streichen.
4. Eine kleine Vertiefung in der Mitte der Eischneeberge machen und 1 Eigelb pro Brot hineingleiten lassen. Jedes Eigelb salzen und pfeffern und anschließend mit dem übrigen Eischnee bedecken, sodass nichts mehr vom Eigelb zu sehen ist.
5. Jedes Brot mit 1 Teelöffel geriebenen Käse bestreuen und für 8–10 Minuten im Ofen backen, bis der Belag goldgelb leuchtet. Das Eigelb sollte nun noch schön flüssig sein. Für ein festeres Eigelb etwas länger im Ofen lassen. Sofort servieren.

Als wir Kinder waren, nannten wir unsere Großmutter immer „More Granny“, weil wir ständig „Please, can we have some more, Granny“ sagten. Ihre „Fluffy Eggs“ waren immer schon eines meiner Lieblingsgerichte.

JONNY

TIPPS

* Als Jonny dieses Rezept für uns zubereitete, servierte er ein wenig gebratene Chorizo dazu – Sie können aber auch Speck, Räucherlachs, Blutwurst oder sogar sautierte Pilze ausprobieren.

* Sie könnten auch Jonnys Vorschlag folgen und Enteneier nehmen. Dann werden aus den „Fluffy Eggs“ einfach „Fluffy Ducks“.

* Die Größe der Brotscheibe ist wichtig. Je kleiner das Brot, umso höher der Eischneeberg, was sich wiederum auf die Garzeit auswirkt. Wir empfehlen mittelgroße Scheiben. Je nach Geschmack kann Weißbrot oder dunkles Brot verwendet werden.

Das perfekte Rührei

PORTIONEN: 2 • VORBEREITUNGSZEIT: 5 MINUTEN • GARZEIT: 5–10 MINUTEN • ✓ WF GF V

In *007 in New York* gibt Ian Fleming ein Standardrezept für cremiges Rührei mit fein gehackten Fines herbes preis. Das volle James-Bond-Programm ist etwas für das Wochenende, für unser tägliches Frühstücksei muss eine etwas einfachere Variante her.

5 mittelgroße **Eier**
1 Schuss **Milch**
1 großzügige Prise **gehackte frische Petersilie** oder **Basilikum** oder **Koriander** oder **Thymian** (optional)
1 EL **Butter**
Salz und **frisch gemahlener schwarzer Pfeffer**

1. Die Eier aufschlagen und mit Milch, Salz und Pfeffer (und den gehackten Kräutern, falls Sie welche verwenden) in eine Schüssel geben und mit einer Gabel verquirlen.
2. Die Butter bei mittlerer Temperatur in einer Pfanne mit schwerem Boden zerlassen, bis sie schaumig wird. Die Eiermischung hineingießen und gleichzeitig mit einer Gabel oder einem Holzlöffel umrühren. Unter ständigem Rühren braten, bis die Eier stocken.
3. Nun stellt sich die Frage, wie fest oder flüssig Sie Ihre Eier bevorzugen. Reduzieren Sie die Temperatur, sobald das Rührei zu stocken beginnt – die Resthitze tut das ihrige. So lange weiterrühren, bis die Eier Ihrer Vorstellung entsprechen, und dann sofort auf Tellern servieren. Denken Sie daran, dass das Rührei in der Pfanne noch etwas fester wird als jenes, das Sie zuerst servieren – manche mögen das, anderen schmeckt das weiche besser.
4. Mit etwas schwarzem Pfeffer bestreuen und genießen.

Das perfekt pochierte Ei

PORTIONEN: 4 • VORBEREITUNGSZEIT: 10 MINUTEN • GARZEIT: 1 ½ MINUTEN • ✓ WF GF MF V

Früher bereitete Kay nur selten pochierte Eier zu. Das sollte sich ändern, als ihr Bryn Williams, der Küchenchef von Odette's in Primrose Hill, London, diese todsichere Methode zeigte. Wenn man täglich 50 davon machen muss, braucht man einfach eine idiotensichere Methode, meint er. Und hier ist sie:

4 **Eier**
1 TL **Salz**
1 EL **Weißweinessig**
1 Schüssel **Eiswasser** – falls Sie die Eier nicht sofort servieren

1. Die Eier in 4 Auflaufförmchen oder Tassen aufschlagen.
2. Den größten Stieltopf im Haus mit Wasser füllen, Salz und Essig zufügen und zum Kochen bringen. Die Eier nacheinander ins siedende Wasser gleiten lassen. Sie sinken nun auf den Topfboden und das Eiweiß legt sich um das Eigelb. Nach etwa 1 Minute steigen die Eier an die Wasseroberfläche. Wenn Sie die Eier im Voraus zubereiten, heben Sie sie nun mit einer Schaumkelle aus dem Wasser und legen Sie sie sofort in die Schüssel mit Eiswasser, um den Garprozess zu stoppen. Sobald die Eier abgekühlt sind, aus dem Eiswasser nehmen und zur Seite stellen. Sollen die Eier sofort serviert werden, weitere 30 Sekunden bis 1 Minute im kochenden Wasser lassen, damit das Eiweiß strahlend weiß wird und das Eigelb noch schön flüssig ist.
3. Um die zur Seite gestellten Eier später wieder aufzuwärmen, einen Topf mit frischem Wasser zum Kochen bringen, die kalten Eier hineingeben und etwa 30 Sekunden bis 1 Minute darin erhitzen.

TIPP

* **Das perfekte weiche Ei**
1 Ei in gesalzenes, kochendes Wasser legen und 3 Minuten & 33 Sekunden kochen.

Schicke pochierte Eier im Becher

MIT CHORIZO & TRÜFFELKÄSE

PORTIONEN: 4 • VORBEREITUNGSZEIT: 5 MINUTEN • GARZEIT: 10–15 MINUTEN

Auf unserer Leon-Frühstückskarte findet sich auch diese ganz besonders köstliche Eierspeise. Dazu pochieren wir die Eier zusammen mit ein paar anderen Dingen in einem kleinen Topf. Zur Kombination, die wir nie wieder von der Karte streichen dürfen, gehören Trüffel, Gruyère und Chorizo-Scheiben. Keine Chorizo zur Hand? Dann nehmen Sie einfach Schinken- oder Speckstückchen. Sobald Sie das Rezept probiert haben, wird es für immer Teil Ihrer persönlichen Frühstückskarte bleiben.

4–8 **Eier**
100 g **Chorizo**, dünn geschnitten
1 EL **weißer Essig** zum Pochieren
Salz und **frisch gemahlener schwarzer Pfeffer**

Für die Käsesauce:
25 g **Butter**
25 g **Kichererbsenmehl**
350 ml **Milch**
120 g **Gruyère**, gerieben
½ TL **Trüffelöl**

1. Für die Sauce die Butter bei mittlerer Temperatur in einer Pfanne zerlassen. Das Kichererbsenmehl hinzufügen und mit einem Schneebesen verrühren, bis eine homogene Masse entsteht – das dauert etwa 2 Minuten.
2. Die Milch nach und nach unter ständigem Rühren zugießen, bis es eine cremige, klumpenfreie Sauce ist. Weiterrühren, bis sie ein wenig eindickt. Den geriebenen Käse und das Trüffelöl dazugeben und kräftig weiterrühren, bis eine gebundene, glänzende Creme entsteht. Mit Salz und Pfeffer würzen, zur Seite stellen und warm halten.
3. Das Olivenöl bei mittlerer Temperatur in einer Pfanne erhitzen und die Chorizo-Scheiben darin knusprig anbraten. Aus der Pfanne heben und auf Küchenpapier abtropfen lassen.
4. Die Eier nach der Methode auf Seite 25 zubereiten.
5. Ein wenig Pfeffer und Salz über die Eier streuen und diese dann in ihre Becher gleiten lassen. Ein Viertel der Chorizo-Scheiben auf jedem Ei verteilen, ein Viertel der Käsesauce darübergießen und noch mal ein wenig pfeffern.
6. „Nummy nummy“, wie Johns Tochter Natasha zu sagen pflegte.

NATURALLY FAST FOOD

Omelette Baveuse

DAS BESTE OMELETT DER WELT

ZUBEREITUNGSZEIT: 2 MINUTEN • GARZEIT: 2–3 MINUTEN • ✓ WF GF V

Zum ersten Mal ein Omelette baveuse zu probieren, ist ein besonderer Moment. Pierre zeigte uns, wie man es zubereitet. Es wird nicht ganz durchgegart und ist innen leicht flüssig. Dieser Effekt lässt sich erzielen, wenn es bei niedriger Hitze zubereitet wird.

2 **Eier** pro Person
1 EL geriebener **Käse** pro Person
1 gehäufter Löffel **Crème fraîche** pro Person
ein Spritzer **Pflanzenöl**
Meersalz und **schwarzer Pfeffer**

1. Eier, Käse, Gewürze und Crème fraîche in eine Schüssel geben. Mit einer Gabel verquirlen, bis die Zutaten gut vermischt sind.
2. Einen Spritzer Pflanzenöl in einer beschichteten Pfanne erhitzen.
3. Die Mischung hinein geben und die Pfanne schwenken, so dass sich die Mischung gut auf dem Boden verteilt. Mit einem Holzspachtel die Eiermischung rings um den Pfannenrand lösen und sicherstellen, dass sie nicht festklebt. Nach 15 Sekunden die Hitze niedrig stellen.
4. Sobald die Oberseite schön saftig aussieht (siehe Foto), mit dem Holzspatel das Omelette zur Hälfte umklappen, so dass die Unterseite die Oberseite größtenteils bedeckt. Das Omelett auf einen Teller geben. Es sollte nur an der Unterseite gebräunt sein.
5. Sofort verzehren.

PS

* Wenn Sie das Omelett kalorienärmer zubereiten wollen, können Sie den Käse und die Crème fraîche weglassen (oder letztere durch Vollmilch ersetzen).
* Nach 30 Sekunden Garzeit können Sie eine Füllung dazu geben. Wir empfehlen:
Gesund: Tomate und Kurkuma. Etwas Öl in einer sehr heißen Pfanne erhitzen. Eine Tomate pro Person grob hacken und zu dem dampfenden Öl geben. Den Pfanneninhalt kräftig durchschütteln – durch das Öl kann es eventuell zu Flammenbildung kommen, also tragen Sie dabei besser keinen Polyester-Pyjama. Eine großzügige Prise Kurkuma hinzu geben und gut würzen. Die Tomaten-stücke sollten nur leicht sämig sein.
Klassisch & elegant: Frischkäse, Räucherlachs und Schnittlauch hinzu geben.
Mit Käse: Weitere 50 g geriebenen Käse pro Person mit Schnittlauch und Petersilie dazu geben.
Mit Pilzen: Omelette mit dem ultimativen Pilz-Toast (Seite 51) füllen.
Mit Schinken: Rohschinken, knuspriger Speck oder anderes fein gehacktes Pökelfleisch.

Armer Ritter

FÜR 4–6 PERSONEN • VORBEREITUNGSZEIT: 10 MINUTEN • GARZEIT: 15 MINUTEN • V

Für einen verregneten Samstag.

5 **Bio-Eier**
400 ml **Vollmilch**
5 Tropfen **Vanillearoma**
75 g **Feinstzucker**
½ TL **gemahlener Zimt**
8–12 Scheiben **altbackenes Brot**
2 EL **Butter**, plus zusätzlich Butter zum Servieren
Puderzucker zum Bestreuen
Ahornsirup zum Servieren

1. Verquirlen Sie in einer großen flachen Schale Eier, Milch, Vanillearoma, Zucker und Zimt.
2. Legen Sie ein paar Scheiben Brot in die Eiermischung und drücken Sie sie mit der Gabel in die Mischung, wobei Sie die Scheiben mit kleinen Löchern versehen. Sobald das Brot durchtränkt ist, drehen Sie die Scheiben um.
3. Erhitzen Sie in einer Pfanne etwas Butter, bis diese schäumt.
4. Legen Sie die Brotscheiben in die Pfanne.
5. Braten Sie das Brot auf beiden Seiten, bis es braun ist. In der Zwischenzeit tränken Sie weitere Brotscheiben in der Eiermischung.
6. Legen Sie die Scheiben auf einen Teller und halten Sie die Brote warm.
7. Bestreichen Sie die Brote mit Butter, bestreuen Sie sie mit Puderzucker und servieren Sie sie mit Ahornsirup.

TIPPS

* Sie können Weißbrot mit Rinde nehmen, aber auch Sauerteigbrot.
* Das Brot sollte gut mit der Eiermischung durchtränkt sein. Sparen Sie nicht an der Butter, nur so werden die Scheiben außen knusprig und innen weich.
* Servieren Sie im Sommer frische Beeren dazu oder reichen Sie Bananenscheiben mit 1 Prise Zimt dazu.
* Geben Sie abgeriebene Orangen- oder Zitronenschale in die Eiermischung, das ergibt einen spritzig-frischen Geschmack.

Eine Interpretation der Huevos Rancheros

MIT FRISCHER PAPRIKA-CHILI-SALSA

PORTIONEN: 4 • VORBEREITUNGSZEIT: 15 MINUTEN • GARZEIT: 10 MINUTEN • ❤ ✓ WF GF MF V

Dieses mexikanische Frühstücksgericht besteht traditionell aus einem Spiegelei auf gebratenen Maistortillas mit Bohnenmus, einer gekochten Tomate und Zwiebelsauce dazu. In unserem Rezept sparen wir beim Öl, indem wir die Eier pochieren, uns für eine frische Sauce entscheiden und ein paar einfache schwarze Bohnen und gedämpfte Maistortillas dazu servieren – so entsteht ein spritzigeres, leichteres Gericht.

Für die Paprika-Chili-Salsa:
1 rote **Paprika**, entkernt
1 grüne **Serrano-Chili**, entkernt
2 **Tomaten**, entkernt
1 **Schalotte**
2–3 **Knoblauchzehen**
ein paar frische **Basilikumblätter**
1 Spritzer **Limettensaft**
1 Schuss **Olivenöl**
Salz und **frisch gemahlener schwarzer Pfeffer**

1 Dose **schwarze Bohnen** (400 g)
1 TL **getrockneter Oregano**
4–8 **Maistortillas**
4 **Eier**
Salz und **frisch gemahlener schwarzer Pfeffer**

1. Für die Salsa Paprika, Chili, Tomaten, Schalotte und Knoblauch fein hacken und vermengen. Die Basilikumblätter zerzupfen und mit dem Limettensaft und dem Öl zum Gemüse geben. Alles salzen und pfeffern, gut durchrühren, abschmecken und zur Seite stellen.

2. Die Bohnen mitsamt der Flüssigkeit (diese wird mitgekocht) in einen Topf geben. Langsam erhitzen und mit dem Oregano und etwas Salz und Pfeffer würzen. Zur Seite stellen und warm halten.

3. Die Maistortillas in ein sauberes Küchentuch einschlagen und über kochendem Wasser (am besten in einem mehrstöckigen Dampfgarer) dämpfen, bis sie richtig heiß sind – das dauert nur ein paar Minuten. Zur Seite stellen und warm halten.

4. Zu guter Letzt die Eier pochieren (s. S. 25). 1 oder 2 warme Maistortillas pro Teller mit den Eiern, den Bohnen und der Sauce darauf anrichten.

TIPPS

* Viele Tortillas enthalten Weizen. Achten Sie darauf, dass Sie wirklich reine Maistortillas verwenden. Ein paar Avocadoscheiben oder ein wenig Guacamole passen hier wunderbar dazu.

CHOLULA
HOT SAUCE
ORIGINAL

Gegrilltes Frühstück

MIT POCHIERTEN EIERN

PORTIONEN: 2 • ZUBEREITUNGSZEIT: 0 MINUTEN • GARZEIT: 20 MINUTEN • ✓ MF

Wie bei vielen guten Dingen im Leben ist auch hier das Timing entscheidend.

2 **Tomaten**
2 große oder 4 kleine **Wiesenchampignons** mit flachem Hut
Olivenöl
2 **Eier** aus Freilandhaltung
4 Streifen **Speck**
2 dicke oder 4 dünne **Schweinewürste**
1 Scheibe **Brot** pro Person
Meersalz und **schwarzer Pfeffer**

1. Grill auf relativ hohe Temperatur stellen. Ein Stück Alufolie mit der glänzenden Seite nach unten auf ein breites Backblech legen.
2. Tomaten in Scheiben schneiden und in einer Reihe an den Blechrand legen, gefolgt von den Würsten und einer Reihe mit ganz belassenen Champignons. Mit Olivenöl beträufeln und würzen. Backblech unter den Grill auf die obere Schiene legen.
3. 2 Teetassen bereitstellen und ein Stück Frischhaltefolie für jede Tasse abreißen. Beide Tassen mit der Folie auslegen und in jede ein Ei schlagen. (Wenn Sie bereits im Pochieren frischer Eier geübt sind, gehen Sie einfach wie gewohnt vor.)
4. Speckstreifen auf das Blech legen, zurück in den Grill schieben. Die Ränder der Frischhaltefolie nach oben ziehen und so zusammenbinden, dass ein Paket entsteht und das Ei zugleich noch von ausreichend Luft umgeben ist. Einen kleinen Topf zu zwei Drittel mit kochendem Wasser füllen, zum Kochen bringen.
5. Würste und Speckstreifen umdrehen und weitere 5 Minuten im Grill lassen.
6. Wenn Toast serviert werden soll, nun die Brotscheiben in den Grill oder Toaster schieben. Die Eierpakete vorsichtig in das siedende Wasser gleiten lassen, die Hitze auf Siedetemperatur herabstellen und den Timer auf 4 Minuten für weiche oder auf 5 Minuten für harte Eier stellen.
7. Fertig gegrilltes Frühstück auf 2 Tellern anrichten. Die Pakete mit den pochierten Eiern aus dem Wasser nehmen und die Eier noch 1–2 Minuten in der Folie lassen.

Samstagspfannkuchen

PORTIONEN: 4 • ZUBEREITUNGSZEIT: 15 MINUTEN • GARZEIT: 15 MINUTEN • ❤ WF

Für einen köstlichen weizenfreien Start ins Wochenende.

3 **Eier**
125 g **Buchweizenmehl**
1 großer TL **Honig**
eine großzügige Prise **Backpulver**
140 ml **Biomilch**
Meersalz

1. Eier trennen. Eigelb in eine große Schüssel geben und Buchweizenmehl hinzufügen.
2. Honig, Backpulver und eine Prise Salz hinzufügen und gut durchmischen. Langsam Milch zufügen, bis ein glatter Teig entsteht. All dies kann am Vorabend erledigt werden.
3. In einer separaten Schüssel das Eiweiß steif schlagen und vorsichtig unter den Teig heben.
4. Eine beschichtete Pfanne erhitzen, die Mischung vorsichtig hineingeben und beide Seiten je 2–3 Minuten Seiten backen.

TIPPS

Bei den Pfannkuchen-Toppings können Sie Ihrer Fantasie freien Lauf lassen. Hier sind drei von unseren Favoriten:

* **Luxus:** karamellisierte Äpfel und Sahne. Einen Klecks Butter in der Pfanne erhitzen, gewürfelte Äpfel hinzufügen (1 Apfel pro Person), eine Prise Zimt und etwas Zucker hineinstreuen und goldbraun backen. Vom Herd nehmen und etwas Crème double darunter rühren.
* **Fruchtig:** Blaubeeren, Bananenscheiben und Agavensirup.
* **Johns Schokoladenpfannkuchen:** John liebt es, Schokolade mit allem Möglichen zu kombinieren. Dieser Mix ergibt ein überraschend leckeres Frühstück: Bananen, geraspelte Bitterschokolade (70% Kakaotrockenmasse) und Agavensirup.

Gemischtes Obst

MIT GRIECHISCHEM JOGHURT & ROHRZUCKERMELASSE

PORTIONEN: 4 • ZUBEREITUNGSZEIT: 10 MINUTEN • GARZEIT: 0 MINUTEN • WF GF V

Ein unkompliziertes Dessert, das man gut einige Stunden vorher zubereiten kann. Alle, die es probieren, werden an eine Brûlée-Zubereitung glauben – ein durchaus schmeichelhafter Irrtum.

1 große reife **Mango**
1 **Kiwi**
100 g **Heidelbeeren** oder **Brombeeren**
100 g **Erdbeeren**
1 **Maracuja** (Passionsfrucht)
500 g **griechischer Joghurt**
3–4 gehäufte EL **dunkler Roh-Rohrzucker**

1. Mango und Kiwi schälen, in Würfel schneiden und in eine große Schüssel geben.
2. Beeren und Maracuja-Fruchtfleisch hinzu geben und gut vermengen.
3. Die zerkleinerten Früchte löffelweise in eine dekorative Servierschüssel oder einzelne Schalen geben.
4. Großzügig mit dem griechischen Joghurt garnieren, so dass alle Früchte von einer dicken Schicht bedeckt sind.
5. Mit dem Roh-Rohrzucker bestreuen – er zieht in den Joghurt ein, bildet jedoch teilweise köstliche karamellartigen Klumpen.

TIPPS

* Für einen stärkeren Brûlée-Effekt einfach noch mehr Rohrzucker dazu geben.
* Wenn Sie das Dessert im Voraus zubereiten, können Sie den Zucker entweder kurz vor dem Servieren hinzugeben oder schon früher. Wenn Sie ihn bereits früher dazugeben, fügen Sie kurz vor dem Servieren noch eine Extraportion hinzu.
* Früchte können beliebig kombiniert werden.

BROT & HERZHAFTES

Glutenfreies Brot

ERGIBT 1 BROT • VORBEREITUNGSZEIT: 20 MINUTEN + 1 STUNDE ZEIT ZUM GEHEN
GARZEIT: 55 MINUTEN • ❤ WF GF V

Gluten macht die Krume elastisch und zart. Wenn Sie glutenfreies Mehl verwenden, erhalten Sie eine etwas festere Krume, die eher einem Kuchen ähnelt. Das Ergebnis ist dennoch gut und das Brot sehr schmackhaft.

500 g glutenfreies Brotmehl
½ TL **Meersalz**
2 Päckchen **Trockenhefe**
2 EL **Honig**
325 ml **Milch**
1 EL **Apfelessig**
2 EL **Olivenöl**
2 **Bio-Eier**
Mohnsamen zum Bestreuen

1. Fetten Sie eine Brotform (450 g) ein.
2. Vermengen Sie Mehl, Salz und Hefe und stellen Sie die Mischung beiseite.
3. Erwärmen Sie den Honig mit der Milch und nehmen Sie die Mischung vom Herd. Rühren Sie mit dem Schneebesen erst Essig und Öl ein, dann die Eier.
4. Geben Sie die feuchten Zutaten zu den trockenen und mischen Sie alles zu einem Teig. Formen Sie einen länglichen Laib daraus und legen Sie ihn in die Form. Bespritzen Sie den Teig mit Wasser und bestreuen Sie ihn mit Mohnsamen. Lassen Sie den Teig an einem warmen Ort 1 Stunde gehen.
5. Heizen Sie den Backofen auf 200 °C/Gas Stufe 6 vor und backen Sie das Brot 45–55 Minuten.
6. Lassen Sie es 5 Minuten in der Form abkühlen, bevor Sie es auf einem Kuchengitter ganz auskühlen lassen.

TIPP

* Geben Sie Körner oder Saaten in den Teig, um die Textur und den Geschmack des Brotes zu variieren. Weichen Sie die Körner und Saaten über Nacht ein, bevor Sie sie zum Teig geben. Das Einweichen fördert die Aufnahme der Vitamine.

Frische Nuss- & Saatenbutter

Eine der besten Zutaten, die Sie sich zum Frühstück auf das Brot streichen können, ist selbst gemachte Nussbutter. Sie ist lecker und sehr gesund.

Verwenden Sie frische Walnüsse, Mandeln, Kürbiskerne, Haselnüsse, Cashewkerne oder Sonnenblumenkerne von guter Qualität.

1. Sie können nach Belieben die Nüsse oder Samen zuerst einweichen oder sprießen lassen. Trocknen Sie sie vor der weiteren Verarbeitung gut ab.
2. Hacken Sie die Nüsse oder Samen einige Minuten in einem Mixer, um das gesamte Öl freizusetzen. Dabei können Sie etwas Honig oder Wasser zugeben, um eine sahnige, butterähnliche Konsistenz zu erhalten.
3. Bewahren Sie die Butter im Kühlschrank auf.

Roggenbrot à la Flour Station

ERGIBT 1 BROT • VORBEREITUNGSZEIT: 1 STUNDE + ZEIT ZUM GEHEN
GARZEIT: 55 MINUTEN • ❤ ✓ WF MF V

Dieses Brot wird für uns in der Bäckerei Flour Station in London gebacken, die dem Teig gebackene Kartoffeln zugibt, um ihn feucht zu halten. Das Brot hat eine angenehm geschmeidige Textur.

25 g **Sauerteigkultur aus Roggen** (50 % Wasser, 50 % Roggenmehl)
100 g gebackene **Kartoffeln**, geschält
1½ TL **Wasser**
10 g **Trockenhefe**
2 TL **Salz**
100 g **Sonnenblumenkerne**
2 EL **Melasse** oder **dunkler Sirup**
100 g **Roggenmehl**, plus zusätzlich Roggenmehl zum Bestreuen

1. Wiegen Sie 100 g Bio-Vollkorn- oder Vollkorndinkelmehl und 100 ml warmes Wasser ab und verrühren Sie es in einem Einmachglas. Schließen Sie den Deckel und stellen Sie das Glas an einen warmen und gut sichtbaren Platz. Füttern Sie den Sauerteig 1 Woche lang jeden Tag: Dazu geben Sie 100 g des Teigs in eine Schüssel (den Rest anderweitig verwenden) und rühren 100 ml Wasser und 100 g Mehl unter. Alle Mehlklumpen entfernen. Danach zurück ins Glas mit ihm. Nach ca. 5 Tagen werden Sie Bläschen im Teig bemerken – ab dem Moment kann er genutzt werden. Von jetzt an stellen Sie ihn in den Kühlschrank und holen ihn immer ein paar Tage, bevor Sie ihn füttern, raus.
2. Geben Sie alle Zutaten in eine Schüssel (vermeiden Sie dabei den direkten Kontakt zwischen Sauerteig und Salz).
3. Verkneten Sie alle Zutaten zu einem Teig. Der Teig ist sehr feucht und klebrig, aber nach einer Weile verändert sich der Farbton von Braun zu einem helleren, mehr gelblichen Ton.
4. Bedecken Sie die Schüssel mit einem feuchten Tuch und lassen Sie den Teig ca. 3 Stunden ruhen.
5. Fetten Sie eine Brotform (900 g) mit Butter ein und bestreuen Sie sie mit Roggenmehl.

6. Formen Sie den Teig auf einer bemehlten Arbeitsfläche zu einem länglichen Laib. Geben Sie ihn in die Form und bestreuen Sie ihn mit Roggenmehl.
7. Lassen Sie das Brot an einem warmen, zugfreien Ort gehen, bis Risse auf der Oberfläche entstehen. Das Volumen sollte ca. 50 % zugenommen haben.
8. Heizen Sie den Backofen auf 220 °C/Gas Stufe 7 vor. Bestreuen Sie das Brot nochmals mit Roggenmehl und backen Sie es 55 Minuten im Ofen, bis das Brot eine dunkle Kruste hat.

TIPPS

* Dieses Brot wird durch Lagerung besser, und schmeckt am besten einen Tag nach dem Backen. Es bleibt mind. 1 Woche frisch, weil die Kartoffeln Feuchtigkeit anziehen und deshalb das Brot länger feucht halten.
* Toasten Sie dünne Scheiben dieses Brotes und bestreichen Sie es mit Butter, Kokosfett oder einer Nussbutter (s. S. 45).

Belegtes Roggenbrot

Von allen Schnellfrühstücken ist dies wohl das schnellste. Roggenbrotscheiben lassen sich gut einfrieren und können direkt aus der Tiefkühltruhe in den Toaster wandern. Roggenbrot ist weizenfrei und enthält oft auch keine Hefe.

Nachfolgend stellen wir Ihnen einige Rezepte vor, oder besser gesagt einige Ideen, die Sie hoffentlich zu Ihren ganz eigenen Kreationen inspirieren.

New York Breakfast WF

Das klassische Roggenbrotfrühstück. Roggenbrot toasten. Mit Frischkäse bestreichen. Mit Räucherlachs, dünnen Gurkenscheiben, gehackten Tomaten und fein geschnittenen roten Zwiebeln belegen. Etwas Zitronensaft darüber geben und mit gehacktem Schnittlauch bestreuen.

Frischkäse & schwarze Johannisbeermarmelade WF V

Sozusagen Joghurt und Marmelade als Roggenbrot-Version.

Erdnussbutter & grüne Trauben ♥ WF MF V

Die gesunde Version des in Großbritannien und Nordamerika sehr beliebten Erdnussbutter- Marmelade-Sandwichs. Die Trauben halbieren und auf der mit Erdnussbutter bestrichenen Brotscheibe verteilen.

Beliebte Roggenbrot-Toppings

- **Continental:** Wie das New York Breakfast, nur mit Schinken anstelle von Räucherlachs.
- **Fruit & Nut:** Variationen von Erdnussbutter und Obst. Hauchzarte Apfelscheiben eignen sich besonders gut.
- **Hot Berries:** Honig, gemahlenen Zimt und Beeren in einem Topf erhitzen, bis die Beeren ihre Form verlieren. Auf die Roggenschnitte geben und mit einem Klecks Joghurt verzieren.
- **The Wimbledon:** Erdbeer- und Bananenstücke mit einem Klecks dicken Joghurt vermischen und etwas Honig darüber träufeln.
- **Honig & Bananenscheiben:** Die Schnitte mit Honig bestreichen u mit Bananenscheiben verzieren.
- **English Breakfast:** Roggenschnitte mit Tomatenscheiben belegen un darüber Rührei mit knusprigem Speckstreifen geben.
- **Für Vegetarier:** Über die Tomatenscheiben Champignons legen, die in sehr heißem Olivenö kurz gebraten wurden.
- **The Reichstag:** Roggenschnitte m körnigem Senf bestreichen und m Tomatenscheiben, Schinken und gehackten Dillgurken belegen.

Ultimativer Pilz-Toast

Ein mit uns befreundeter Chefkoch meinte einmal, wenn der Zuchtchampignon nicht so weit verbreitet wäre, würde er bestimmt nur als teure Delikatesse erhältlich sein. Es ist ein wahres Wunder, wie er beim Garen seine Farbe verändert und wie intensiv er dabei im Geschmack wird. Also keine Sorge: Für den ultimativen Pilz-Toast brauchen Sie keine teuren Trüffel.

1. Eine Scheibe gutes Brot toasten.
2. Butter auf das Toastbrot streichen.
3. Einen großzügigen Klecks Butter mit einem Spritzer Pflanzenöl in einer heißen Pfanne erhitzen, bis die Butter Blasen bildet.
4. Eine Handvoll Champignons in Scheiben schneiden und mit einem Esslöffel fein geschnittener Zwiebelscheiben in die Pfanne geben. Die Pilze und Zwiebeln dabei nicht zu sehr umrühren, nur etwa alle 30 Sekunden. So lange anbraten, bis sie goldbraun werden. Würzen.
5. Fein gehackten Knoblauch und frische Petersilie hinzugeben und nach weiteren 30 Sekunden die Pfanne vom Herd nehmen.
6. Einen Spritzer Zitronensaft darüber träufeln und alles auf die Toastscheibe geben.

Variationen eines Themas:

- **Luxus:** Anstelle von Zitronensaft einen Spritzer Weißwein hinzugeben. Sobald dieser keine Blasen mehr bildet, einen Esslöffel Doppel-rahm hinzufügen, weitere 20 Sekunden köcheln lassen und dann auf die Toastscheibe geben.
- **Fleischig:** Bevor Sie die Champignons in die Pfanne geben, können Sie etwas Prosciutto anbraten, bis er knusprig wird. Garnieren Sie das Toastbrot vor dem Servieren mit dem Prosciutto, so dass er wie eine Haifischflosse aus den Champignons ragt.
- **Toast auf Pilzen auf Toast:** Diese Variante entdeckten wir ganz zufällig aus Versehen beim Aufnehmen der Fotos für dieses Buch. Nichts in der Welt schmeckt besser. Rösten Sie eine Handvoll Semmelbrösel mit Knoblauch und Gewürzen, bis sie knusprig sind. Bereiten Sie wie oben beschrieben den ultimativen Pilz-Toast zu. Streuen Sie zum Schluss die Knoblauch-Semmelbrösel als besonders knuspriges Topping über die Champignons.

GETRÄNKE

Ralphs Mango-Lassi

PORTIONEN: 2 • VORBEREITUNGSZEIT: 15–20 MINUTEN • GARZEIT: KEINE • ❤ ✓ WF GF V

Ein herrlich kühlendes Getränk, vor allem an heißen Tagen, und ein köstlicher, fruchtiger Start in den Tag.

300 g **Joghurt** (vorzugsweise mit geringem Fettgehalt), gekühlt
4 reife gekühlte **Mangos**, geschält, entsteint und geschnitten
30 ml **klarer Honig**
15 ml **Limettensaft**
2 Tassen **Eiswürfel**
einige Zweige **frische Minze** zum Garnieren

1. Joghurt, Mangos, Honig und Limettensaft im Standmixer pürieren. Das Eis hinzufügen und 15 Sekunden mixen, bis eine weiche Creme entsteht.
2. Mit Minzezweigen garniert servieren.

TIPPS

* Statt Joghurt können Sie auch Buttermilch verwenden.
* Falls Sie keine guten, reifen Mangos bekommen, verwenden Sie einfach ungesüßtes Mango-Fruchtmark aus der Dose. Sie erhalten es in den meisten großen Supermärkten.
* Für eine pikantere Version kann man den Honig durch 1 Teelöffel Salz und eine großzügige Prise Kardamom ersetzen.

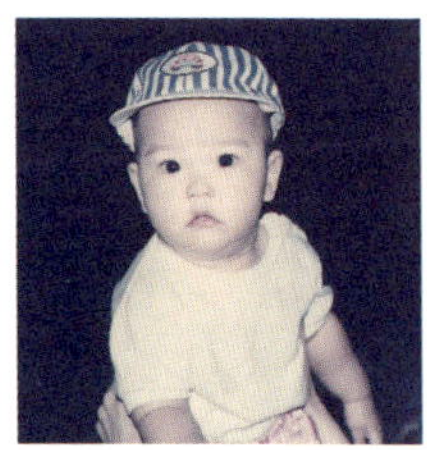

RALPH, BANGKOK, 1988

Der entzückende Ralph Monthienvichienchai ist buchstäblich verrückt nach Mangos – so sehr, dass er in London eine Bar namens MADD eröffnet hat. Er kann Ihnen wirklich jede Frage zu Mangos beantworten. Wir wollen uns bei ihm für dieses köstliche Rezept bedanken.

1 QUART
Pulse

Hatties supergesunder Mandel-Smoothie

ERGIBT: 2 MITTELGROSSE GLÄSER ZUBEREITUNGSZEIT: 5 MINUTEN
GARZEIT: 0 MINUTEN • ❤ ✓ WF MF GF V

Für alle, die nach einem milchfreien Smoothie dürsten.

1 **Kiwi**
1 mittelgroße **Banane**
2 große Handvoll **Beeren**, je nach Saison
8 **Mandeln** mit Haut
2 gehäufte EL **Haferflocken**
1 EL **Kürbiskerne**
1 EL **Sonnenblumenkerne**
250 ml **Reis-**, **Mandel-** oder **Sojamilch**

1. Kiwis und Banane schälen. Beeren waschen.
2. Alle Zutaten in den Mixer geben und gut pürieren.

LEON

Tiger-Milch

PORTIONEN: 1 • VORBEREITUNGSZEIT: 3 MINUTEN • GARZEIT: 2–3 MINUTEN • WF GF V

Aber nein, doch nicht von einem richtigen Tiger! Denken Sie, wir sind verrückt genug, um einen Tiger zu melken? Nein, aber das war der einzige Weg, um die kleine Kay dazu zu bringen, Milch zu trinken. Ihr wurde erzählt, dass es sich um Tiger-Milch handelte – wegen der Streifen … Kay kann nicht glauben, dass sie damals darauf hereinfiel! Die „Streifen“ aus Honig verschwinden nach ungefähr 3 Sekunden. Sie muss also ein außergewöhnlich gutgläubiges Kind gewesen sein.

1 Tasse **Milch**
1 kleine **Zimtstange**
1 EL **Honig**
1 extra Prise **gemahlener Zimt** (optional)

1. Die Milch in einem Topf erwärmen, bis sie die richtige Temperatur hat – sie soll nicht zu heiß werden. Mit einem Milchschäumer oder Stabmixer aufschäumen. So bekommt man später schöne Streifen.
2. Die Zimtstange in die Tasse geben und die warme Milch darübergießen. Und jetzt – aufgepasst – den Honig langsam, mit gewissem Abstand zur Tasse, vom Löffel auf die Milch träufeln und dabei konzentrische Kreise ziehen. Sehen Sie die Streifen jetzt? Den Honig nun mit der Zimtstange einrühren und, falls erwünscht, eine Prise Zimt zufügen.

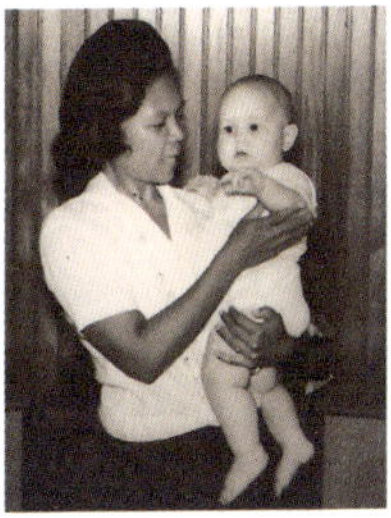

LUNE & KAY, 1965

Lune war ein wichtiger Teil unserer Familie und mein Kindermädchen, als ich klein war. Sie war auch die Erfinderin dieser Flunkerei. Wir beteten einander an. Außer wenn sie versuchte, die Knoten aus meinem widerspenstigen Haar zu bürsten. Dann war ich nicht so gut auf sie zu sprechen.

KAY

UMRECHNUNGSTABELLE FÜR HÄUFIG GEBRAUCHTE MASSE IN GROSSBRITANNIEN

FLÜSSIGKEITEN

15 ml	1/2 fl oz
25 ml	1 fl oz
50 ml	2 fl oz
75 ml	3 fl oz
100ml	3 1/2 fl oz
125 ml	4 fl oz
150 ml	1/4 pint
175 ml	6 fl oz
200 ml	7 fl oz
250 ml	8 fl oz
275 ml	9 fl oz
300 ml	1/2 pint
325 ml	11 fl oz
350 ml	12 fl oz
375 ml	13 fl oz
400 ml	14 fl oz
450 ml	3/4 pint
475 ml	16 fl oz
500 ml	17 fl oz
575 ml	18 fl oz
600 ml	1 pint
750 ml	1 1/4 pints
900 ml	1 1/2 pints
1 Liter	1 3/4 pints
1.2 Liter	2 pints
1.5 Liter	2 1/2 pints
1.8 Liter	3 pints
2 Liter	3 1/2 pints
2.5 Liter	4 pints
3.6 Liter	6 pints

GEWICHTE

5 g	1/4 oz
15 g	1/2 oz
20 g	3/4 oz
25 g	1 oz
50 g	2 oz
75 g	3 oz
125 g	4 oz
150 g	5 oz
175 g	6 oz
200 g	7 oz
250 g	8 oz
275 g	9 oz
300 g	10 oz
325 g	11 oz
375 g	12 oz
400 g	13 oz
425 g	14 oz
475 g	15 oz
500 g	1 lb
625 g	1 1/4 lb
750 g	1 1/2 lb
875 g	1 3/4 lb
1 kg	2 lb
1.25 kg	2 1/2 lb
1.5 kg	3 lb
1.75 kg	3 1/2 lb
2 kg	4 lb

OFENTEMPERATUREN

110°C	(225°F)	Gas Stufe 1/4
120°C	(250°F)	Gas Stufe 1/2
140°C	(275°F)	Gas Stufe 1
150°C	(300°F)	Gas Stufe 2
160°C	(325°F)	Gas Stufe 3
180°C	(350°F)	Gas Stufe 4
190°C	(375°F)	Gas Stufe 5
200°C	(400°F)	Gas Stufe 6
220°C	(425°F)	Gas Stufe 7
230°C	(450°F)	Gas Stufe 8

Arbeiten mit unterschiedlichen Herdtypen

Alle Rezepte in diesem Buch sind mit Backöfen getestet worden, die keine Umluft haben. Wenn Sie ohne Umluft backen, sollten Sie den Kuchen auf mittlerer Schiene mittig platzieren, weil die Hitze aufsteigt und es oben heißer wird als unten. Wenn Sie einen Umluftofen benutzen, senken Sie die in den Rezepten angegebene Temperatur um 20°C. Moderne Umluftöfen lassen die Hitze gleichmäßig im Ofen zirkulieren, sodass man sich über die Positionierung des Kuchens keine Gedanken machen braucht. Selbst wenn Sie mehrere Backbleche eingeschoben haben, wird der Ventilator die Hitze gleichmäßig verteilen. Unabhängig vom Herdtyp werden Sie bald merken, dass Ihr Ofen ganz bestimmte Eigenarten hat. Deshalb müssen Sie sich nicht streng an die Angaben im Backrezept halten.

Symbolschlüssel für die Rezepte

- ❤ WENIG GESÄTTIGTE FETTSÄUREN
- ✓ GUTE KOHLENHYDRATE (NIEDRIGER GI = GLYKÄMISCHER INDEX)/GUTER ZUCKER
- WF WEIZENFREI
- GF GLUTENFREI
- MF MILCHFREI
- V VEGETARISCH
- ÜPPIGE SCHLEMMEREI
- TIPP BACKTIPPS, ZUSÄTZLICHE INFORMATIONEN UND ALTERNATIVEN

LÄNGEN

5 mm	1/4 inch
1 cm	1/2 inch
1.5 cm	3/4 inch
2.5 cm	1 inch
5 cm	2 inches
7 cm	3 inches
10 cm	4 inches
12 cm	5 inches
15 cm	6 inches
18 cm	7 inches
20 cm	8 inches
23 cm	9 inches
25 cm	10 inches
28 cm	11 inches
30 cm	12 inches
33 cm	13 inches

Index

Die Originalausgabe erschien 2013 bei Conran Octopus Ltd.

Herausgeber: Alison Starling
Redaktion: Sybella Stephens
Redaktionsassistenz: Stephanie Milner
Art Director: Jonathan Christie
Art Direction, Design & Illustrationen: Anita Mangan
Designassistenz: Abigail Read
Fotografien: Georgia Glynn Smith
Produktion: Katherine Hockley

Deutsche Ausgabe
Verlagskoordination: Marisa Botz
Satz: Marina Teschner

ISBN 978-3-8321-9481-9
www.dumont-buchverlag.de

Printed in China

Eine Anmerkung der Autoren:
Wenn nicht anders angegeben, sollten Eier der Größe M genutzt werden.
Wir haben versucht, bei der Angabe aller Vorbereitungs- und Garzeiten für die Rezepte in diesem Buch, so genau wie möglich zu sein. Trotzdem handelt es sich dabei um Schätzungen, die auf unserer eigenen Zeitnahme während des Ausprobierens der Rezepte beruhen und die als bloße Orientierungshilfe, nicht aber als wortwörtliche Wahrheit, betrachtet werden sollten. Wir waren auch bemüht, all unsere Food Facts gewissenhaft zu recherchieren, aber wir sind keine Wissenschaftler. Also sind unsere Food Facts und unsere Ernährungs-Ratschläge nicht absolut gültig. Falls Sie das Gefühl haben, dass sie Rat von einem Ernährungsberater benötigen, bitten Sie Ihren praktischen Arzt um eine Empfehlung.